TAN
"Letras de Tango"
(Vol.1)

Tango lyrics adapted, modified and translated by Manuel Garber for the purpose of learning Spanish.

Links to videos and music are available on:

www.tangowords.com

© 2012 Manuel Garber. All rights reserved

ISBN: 978-1-300-07743-5

Email: manuel@tangowords.com

No part of this publication may be reproduced in any form without the prior permission in writing of the publisher.

TANGO WORDS (Vol.1)

CONTENTS

Links to videos and music are available on:

www.tangowords.com

INTRODUCTION

The Argentinian Tango isn't merely a South American dance rhythm. It's more than that — much more. It's a type of poetry that is difficult to accurately translate into English.

Argentinian poets use expressions and figures of speech that make sense in Spanish, but cannot often be interpreted in English in any meaningful way.

Two objectives

I, therefore, wrote this book in an attempt to achieve two objectives. To:

- give English-speaking lovers of Tango the opportunity to understand not just the words but also the sentiments expressed in some famous Argentinian Tangos, and
- use this book to learn Spanish while listening to the often fiery and sensual words of the Tango.

Line by line

You'll note that I have translated the lyrics line by line, deliberately placing the English wordage immediately under the Spanish original. This allows you to follow the English out of the corner of your eye as you listen to the Spanish lyrics. In this way you should soon start picking up the meaning expressed by the words.

Although I grew up in Buenos Aires and avidly listened to tangos all my life, I still continue learning thanks to programmes currently broadcast by the Tango Radio La 2x4. This station broadcasts Tango music to the world around the clock via the Internet

I welcome your feedback. Please send your comments to me at manuel@tangowords.com

A BRIEF HISTORY OF TANGO LYRICS

The fusion of many cultures living in the thriving city of Buenos Aires around 1880 led to the birth of the Tango. A massive inflow of immigrants fleeing the threat of war in Western Europe between 1900 and 1910 introduced that iconic touch of drama and sadness to the Tango.

But there were no singers.

Although the music evolved to become the popular big-band sound of the 1930s and the 1940s, there were few lyrics.

Vocals limited

However, the slow switch from purely instrumental to vocal began around 1917 when Carlos Gardel lent his unique voice to the evocative Tango. Seven years later, in 1924, band leader Francisco Canaro became the first musician to incorporate a singer in his orchestra. But the vocals were limited to *estribillo*, a short chorus in a Tango. This was the beginning of the *estribillistas* or *chansonniers* era.

Tango singers became so popular that by 1931 Roberto Ray was engaged by the Osvaldo Fresedo Orchestra to become its permanent vocalists. Ray played a major role in the line-up to become another "instrument" in the orchestra.

But it wasn't until 1938 that the awesome power of the *cantor de la orquestra (*orchestra singer) was publicly displayed by the great voice of Alberto Echagüe. He recorded the Tango *Indifferencia* with the orchestra Rodolfo Biagi.

You can find the lyrics of *Indifrencia* in this book.

'Orchestra singers'

Another famous proponent of lyrics for the Tango was Anibal Troilo. Although he made his debut with his first orchestra in 1937, he only recorded his first Tango with lyrics in 1941. The featured vocalist was Francisco Fiorentino, probably one of the most popular of "orchestra singers".

Fiorentino was joined in the early 1940s by another great Tango singer, Alberto Podestá. He recorded Tangos such as *Garúa* and many others with the orchestra of Pedro Laurenz.

You'll also find the lyrics of *Garúa* in this book.

As I write this book (September 22, 2011), Alberto Podestá celebrates his 87th birthday. A few weeks previously I had the honour of listening to him singing live at a *milonga* in Buenos Aires.

ALMA EN PENA
(SOUL IN SORROW) Tango 1928
Music: Anselmo Aieta
Lyrics: Francisco García Jiménez

Aún el tiempo no logró, llevar su recuerdo,
> Even time has failed, to carry away her memory,

borrar las ternuras, que guardan escritas,
> to erase that tenderness, which is kept written,

sus cartas marchitas, que en tantas lecturas
> in her faded letters, which after so much reading,

con llanto desteñí.
> I bleached with tears.

Ella sí que me olvidó, y hoy frente a su puerta,
> She really forgot me, and today in front of her door,

la oigo contenta, percibo sus risas,
> I can hear that she is happy, I perceive her laughter,

y escucho que a otro, le dice las mismas,
> and I listen as she tells somebody else the same,

mentiras que a mí.
> lies as she told me.

Alma... que en pena vas errando,
> Soul.., that you wander in sorrow,

acércate a su puerta, suplícale llorando,
> get close to her door, plead with her whilst crying,

oye... perdona si te pido,
> listen... forgive if I ask you,

mendrugos del olvido, que alegre te hace ser.
> scraps of oblivion, that makes you happy,

Tú me enseñaste a querer y he sabido,
You taught me to love and I know so,
y haberlo aprendido, de amores me mata,
and have learned, of loves that kill me,
y yo, que voy aprendiendo hasta a odiarte,
and me, that I am learning even to hate you,
tan sólo a olvidarte, no puedo aprender.
but only to forget you, I can not learn.

Esa voz que vuelvo a oír, un día fue mía,
That voice that I hear again, one day it was mine,
y hoy de ella es apenas, el eco el que alumbra,
and now it's just her echo that shines,
mi pobre alma en pena, que cae moribunda,
my poor soul in sorrow, that falls dying,
al pie de su balcón.
at the foot of her balcony.

Esa voz que maldecí, hoy oigo que a otro,
That voice that I cursed, now I hear, that to another man,
promete la gloria, y cierro los ojos,
she promises glory, so I close my eyes,
y es una limosna, de amor que recojo,
and it is a pittance, of love that I collect,
con mi corazón.
with my heart.

 **Anselmo Aieta**

 **Francisco García Jiménez**

CANTANDO

(SINGING) Tango 1931
Music: Mercedes Simone
Lyrics: Mercedes Simone

Ya no tengo la dulzura de sus besos,
I no longer have the sweetness of his kisses,
vago sola por el mundo, sin amor,
I am roaming alone through the world, without love,
otra boca más feliz será la dueña,
another mouth will be happy to be the owner,
de sus besos, que eran toda mi pasión.
of his kisses, that were all my passion.

Hay momentos que no sé lo que me pasa,
There are times when I do not know how I feel,
tengo ganas de reír y de llorar,
I feel that I want to laugh and to cry,
tengo celos, tengo miedo que no vuelva,
I'm jealous, I'm afraid that he will not return,
y lo quiero, no lo puedo remediar.
and I love him, I cant help that.

Cantando yo le di, mi corazón, mi amor,
Singing I gave him, my heart, my love,
y desde que se fue, yo canto mi dolor,
and since he has left, I sing my sorrows,
cantando lo encontré, cantando lo perdí,
singing I found him, singing I lost him,
porque no sé llorar, cantando he de morir.
because I don't know how to cry, singing I will die.

Virgencita milagrosa, perdoname,
> Little Virgin of the miracles, forgive me,

si cantando esta canción que vive en mí,
> if by singing this song that lives within me,

yo te pido que me traigas lo que es mío,
> I am asking you to bring back what is mine,

que tan pronto y sin motivo lo perdí.
> that so quickly and without reason, I lost him.

Si es pecado querer tanto en esta vida,
> If it is a Sin to love so much in this life,

yo te pido, de rodillas, tu perdón.
> I am asking you, on my knees, for your forgiveness.

Yo lo quiero tanto y tanto que me muero,
> I love him so much, but so much that I would die,

si me faltan las caricias de su amor.
> If I don't have the caresses of his love.

**Mercedes
Simone**

¡CHE BANDONEÓN!

(HEY BANDONEON!) Tango 1950
Music: Anibal Troilo
Lyrics: Homero Manzi

El duende de tu son, che bandoneón,
The charm of your sound, hey bandoneon,
se apiada del dolor de los demás,
it pities the pain of others,
y al estrujar tu fueye dormilón,
and as you squeeze your sleepy bellows,
se arrima al corazón que sufre más.
it gets closer to the heart that suffers most.

Estercita y Mimí como Ninon,
Estercita and Mimi also Ninon,
dejando sus destinos de percal,
leaving their destiny of percale,
vistieron al final mortajas de rayón,
ended up wearing shrouds of rayon,
al eco funeral de tu canción.
to the funeral echo of your song.

Bandoneón... hoy es noche de fandango,
Bandoneon... today is a night of "fandango",
y puedo confesarte la verdad,
and I can confess the truth to you,
pena a pena, copa a copa, tango a tango,
sorrow to sorrow, glass to glass, tango to tango,
embalado en la locura, del alcohol y la amargura.
involved in the madness, of the alcohol and the bitterness.

Bandoneón... para qué nombrarla tanto,
Bandoneon... why mention her so much,
no ves que está de olvido el corazón,
can't you see the forgetfulness of the heart,
y ella vuelve, noche a noche, como un canto,
and she comes back, night after night, like a song,
en las gotas de tu llanto...¡che bandoneón!
in the drops of your tears...hey bandoneon!

Tu canto es el amor que no se dió,
Your song is the love that did not happen,
del sueño que soñamos una vez,
of the dream that we once dreamt,
y el fraternal amigo que se hundió,
and the fraternal friend that sank,
temblando en la tormenta de un querer.
shivering in the storm of a love.

Y esas ganas tremendas de llorar,
And those tremendous desires to cry,
que a veces nos inundan sin razón,
that sometimes inundate us without reason,
y el trago de licor que obliga a recordar,
and that shot of liquor that forces us to remember,
si el alma está en "orsai", che bandoneón.
if the soul is in "off-side", hey bandoneon.

Aníbal
Troilo
"Pichuco"

13

CRISTAL
(CRYSTAL GLASS) Tango 1944
Music: Mariano Mores
Lyrics: José María Contursi

Tengo el corazón hecho pedazos,
    I have the heart completely shattered,
rota mi emoción en este día,
    broken my emotion on this day,
noches y más noches sin descanso,
    nights and more nights of restlessness,
y esta desazón del alma mía.
    and this feeling of uneasiness in my soul.

Cuántos, cuántos años han pasado,
    How many, how many years have now passed,
grises mis cabellos y mi vida,
    gray is my hair and so is my life,
loco, casi muerto, destrozado,
    crazy, almost dead, devastated,
con mi espíritu amarrado a nuestra juventud.
    with my spirit attached to our youth.

Más frágil que el cristal,
    More fragile than the glass,
fue mi amor, junto a ti,
    was my love, when I was with you,
cristal tu corazón,
    like glass was your heart,
tu mirar, tu reír,
    your gaze, your laugh.

Tus sueños y mi voz, y nuestra timidez,
Your dreams and my voice, and our shyness,
temblando suavemente en tu balcón,
shaking softly at your balcony,
y ahora sólo se, que todo se perdió,
and only now I know, that all was lost,
la tarde de mi ausencia.
the afternoon that I left.

Ya nunca volveré,
Now I will never return,
lo se bien, nunca más,
I know it well, never again,
tal vez me esperarás,
maybe you will be waiting for me,
junto a Dios, más allá.
beside God, in the beyond.

 **José María Contursi**

 **Mariano Mores**

DANZA MALIGNA
(MALICIOUS DANCE) Tango 1936
Music: Fernando Randle
Lyrics: Claudio Frollo

Se arrastran, los compases compadrones,
They drag themselves, the arrogant beats,
del tango, que se encoge y que se estira.
of the tango, that shrinks and that stretches.
Su música doliente, pareciera,
Its sorrowful music, it seems to,
sentir que una amenaza se aproxima.
feel as if a threat would be approaching.

Viviremos los dos, el cuarto de hora,
Both of us will live, this quarter of an hour,
de la danza, nostálgica y maligna,
of this dance, that is nostalgic and malicious,
escuchemos latir los corazones,
let us listen to the beat of the hearts,
al amparo de Venus y Afrodita.
under the protection of Venus and Aphrodite.

Placer de dioses, baile perverso,
Pleasure of the gods, this perverse dance,
el tango, es rito y es religión,
the tango, is a ritual and is a religion,
orquestas criollas son sus altares,
the native orchestras are the altars,
y el sacerdote, su bandoneón.
and the priest, is the bandoneon.

Quiero sentirme aprisionado,
I want to feel confined,
como en la cárcel de mi dolor,
like in the prison of my pain,
guarda silencio, mitad de mi alma,
watching in silence, is half of my soul,
que hay un secreto entre los dos.
because there is a secret between us two.

Se arrastran los compases compadrones,
They drag themselves, the arrogant beats,
del tango que se adueña de tus fibras,
of the tango that takes possession of your fibers,
el juego de tus rulos en mis sienes,
that movement of your curls on my temples,
será la extremaunción de mi agonía.
will be the last rites of my agony.

Te invito a penetrar en este templo,
I invite you to enter into this temple,
donde todo, el amor lo purifica.
where everything, is purified by love.
Viviremos los dos, el cuarto de hora,
Both of us will live, this quarter of an hour,
de la danza, nostálgica y maligna.
of the dance, that is nostalgic and malicious.

ESTA NOCHE DE LUNA

(THIS MOONLIT NIGHT) Tango 1943
Music: José García / Graciano Gómez
Lyrics: Héctor Marcó

Acercate a mi, y oirás mi corazón,
Come closer to me, and you shall hear my heart,
contento latir, como un brujo reloj.
happy to beat, as an enchanted clock .
La noche es azul, convida a soñar,
The night is blue, invites us to dream,
ya el cielo ha encendido su faro mejor.
and the sky has lit up its best headlight.

Si un beso te doy, pecado, no ha de ser,
If I give you a kiss, sin, it is not to be,
culpable es la noche, que incita a querer.
guilty is the night, which incites us to love.
Me tienta el amor, acércate ya,
I am tempted to love, come closer to me now,
que el credo de un sueño, nos revivirá.
that the creed of a dream, will revive us.

Corre, corre barcarola,
Run, run little boat,
por mi río de ilusión,
through my river of illusion,
que en el canto de las olas,
that in the song of the waves,
surgirá mi confesión.
will emerge my confession.

Soy una estrella en el mar,
I'm a star in the sea,
que hoy detiene su andar,
that today halts its wondering,
para hundirse en tus ojos.
to sink into your eyes.

Y en el embrujo,
And in the charm,
de tus labios, muy rojos,
from your lips, that are so red,
por llegar a tu alma,
to reach into your soul,
mi destino daré.
I will give my fate.

Soy una estrella en el mar,
I'm a star in the sea,
que hoy se pierde al azar,
which today gets lost to chance,
sin amor ni fortuna.
without love nor fortune.

Y en los abismos,
And in those abysses,
de esta noche de luna,
of this moonlit night,
sólo quiero vivir,
I just want to live,
de rodilla a tus pies,
kneeled at your feet,
para amarte y morir.
to love you and then die.

FUERON TRES AÑOS
(THREE YEARS HAVE PASSED)
Tango 1956.
Music: Juan Pablo Marín
Lyrics: Juan Pablo Marín

No me hablas, tesoro mío,
> You don't talk to me, my treasure (my darling),
no me hablas ni me has mirado,
> you don't talk to, not even looked at me,
fueron tres años, mi vida,
> three years have passed, my life (my love),
tres años muy lejos de tu corazón.
> three years very far from your heart.

¡Hablame, rompé el silencio!
> Talk to me, break that silence!
¿No ves que me estoy muriendo?
> Can't you see that I am dying?
Y quítame este tormento,
> and take away this torment,
porque tu silencio, ya me dice adiós.
> because your silence, is now just saying goodbye.

¡Qué cosas que tiene la vida!
> What things, life has!
¡Qué cosa tener que llorar!
> What a thing, is that need to cry!
¡Qué cosas que tiene el destino!
> What things, destiny has!
Será mi camino sufrir y penar.
> Will my fate be to suffer in pain.

Pero deja que bese tus labios,
> So let me kiss your lips,

un solo momento, y después me voy,
> just for one moment, then I will go,

y quítame este tormento,
> and take away from me this tormenting,

porque tu silencio, ya me dice adiós.
> because your silence, is now just saying goodbye.

Aún tengo fuego en los labios,
> I still have fire in my lips,

del beso de despedida,
> from that goodbye kiss,

¿Cómo pensar que mentías,
> How could I think that you were lying,

si tus negros ojos lloraban por mí?
> if your dark eyes were crying for me?

¡Hablame, rompé el silencio!
> Talk to me, break that silence!

¿No ves que me estoy muriendo?
> Can't you see that I am dying?

y quítame este tormento,
> and take away from me this tormenting,

porque tu silencio, ya me dice adiós.
> because your silence, is now just saying goodbye.

GARÚA

(THE DRIZZLE) Tango 1943
Music: Aníbal Troilo
Lyrics: Enrique Cadícamo

¡Qué noche llena de hastío y de frío!
What a night filled with boredom, and coldness!
El viento trae un extraño lamento.
The wind brings over a strange moan.
¡Parece un pozo de sombras, la noche,
The night looks like a deep well of shadows,
y yo, en las sombras, camino muy lento!
and I, in the shadows, I walk very slowly!

Mientras tanto la garúa
Meanwhile, that drizzle
se acentúa, con sus púas
gets stronger with it's spikes
en mi corazón...
in my heart ...

En esta noche tan fría y tan mía,
In this night that is so cold and so mine,
pensando siempre en lo mismo, mi abismo,
thinking always of the same, my emptiness,
y por mas que quiera odiarla,
and as much as I want to hate her,
desecharla y olvidarla, la recuerdo más.
to discard her and forget her, I remember her more.

¡Garúa!
> Its drizzling!

Solo y triste, por la acera,
> Alone and sad, on the sidewalk,

va este corazón transido
> goes this heart that is grief-stricken

con tristeza de tapera.
> with the sadness of an old hut.

Sintiendo, tu hielo,
> Feeling, your iciness,

porque aquella, con su olvido,
> because that one, with her forgetting me,

hoy le ha abierto una gotera.
> today she has sprung there a leak.

¡Perdido!
> Lost!

Como un duende que en la sombra
> Like a spirit that in the shadow

más la busca y más la nombra...
> that looks for her further and names her more ...

Garúa... tristeza...
> Garúa ... sadness ...

¡Hasta el cielo se ha puesto a llorar!
> Even the heavens have started to cry!

GÓLGOTA

(GOLGOTHA) Tango 1938
Music: Rodolfo Biagi
Lyrics: Francisco Gorrindo

Yo fui capaz de darme entero,
    I was able to give the whole of me,
y es por eso,
    and that is why,
que me encuentro hecho pedazos,
    I feel totally shattered,
y me encuentro abandonado.
    and I find myself abandoned.

Porque me dí,
    Because I gave myself,
sin ver a quién me daba,
    without noticing to whom I was giving,
y hoy tengo como premio,
    and today I received as a reward,
que estar arrodillado.
    having to be on my knees.

Arrodillado frente al altar
    Kneeling in front of that altar
de la mentira,
    of just lies,
frente a tantas alcancías,
    facing so many collection boxes,
que se llaman "corazón".
    all labeled "the heart".

Y comulgar,
> And in communion,

en tanta hipocresía,
> with so much hypocrisy,

por el pan diario,
> for the daily bread,

por un rincón.
> for a little corner.

Arrodillado, hay que vivir
> Kneeling down, one has to live,

para merecer, algún favor.
> in order to deserve, someone's favor.

Que si de pie te ponés,
> But if you stand on your feet,

para gritar, tanta ruina y maldad.
> to scream out, such doom and evil.

Crucificado, te vas a ver,
> Crucified, you will end up,

por la moral, de los demás.
> for the morality, of the rest.

En este Gólgota cruel,
> In this cruel Golgotha,

donde el más vil,
> where the meanest person,

ése, la va de Juez.
> is the one wanting to be the Judge.

INDIFERENCIA

(INDIFFERENCE) Tango 1937
Music: Rodolfo Biagi
Lyrics: Juan Carlos Thorry

Yo también, como todos, un día,
I also, like all others, once in the past,
tenía dinero, amigos y hogar,
I had money, friends and a home,
nunca supe que había falsía,
I had never known that there was falsity,
que el mundo sabía también traicionar.
that the world also knew how to betray.

Pero cuando, a mi vida tranquila,
But when, into my quiet life,
llegó la primera terrible verdad,
arrived that first awful truth,
busqué apoyo en aquellos que amaba,
I looked for support from those who I loved,
y crueles, me dieron, soledad.
but with cruelty, I was given, loneliness.

Ilusión, que viviendo latente,
Illusion, that once lived latent,
pasó entre la gente, y pura siguió,
slipped between the people, and just passed,
ilusión, hoy te busco, y no estás,
illusion, today I seek you, and you are not there,
ilusión, no te puedo encontrar.
illusion, I can not find you.

Mi pasado sucumbe aterido,
　My past succumbs with numbness,
temblando en el frío,
　trembling in the coldness,
de mi vida actual.
　of my present life.

Y los años, pasando y pasando,
　And the years, going and passing,
me están reprochando,
　are reproaching me,
porque no hice mal.
　why did I not do anything wrong.

**Rodolfo
Biagi**

LEJOS DE BUENOS AIRES

(FAR FROM BUENOS AIRES) Tango 1942
Music: Alberto Suárez Villanueva
Lyrics: Oscar Rubens

Con la mueca del pesar,
    With a grimace of grief,
viejo, triste y sin valor,
    old, sad and worthless,
lento el paso al caminar,
    slowing down my step as I walk,
voy cargando mi dolor.
    I am carrying my pain.

Lejos de la gran ciudad,
    Far from the great city,
que me ha visto florecer.
    that witnessed my flourishing.
En las calles más extrañas,
    In these strange streets,
siento el alma oscurecer.
    I feel the darkening of my soul.

Nadie observa mi final,
    No one notices my ending,
ni le importa mi dolor,
    nor cares about my pain,
nadie quiere mi amistad,
    nobody wants my friendship,
sólo estoy con mi amargor.
    I am just alone with my bitterness.

Y así vago sin cesar
And so I stroll along ceaselessly
desde el día que llegué
since the day that I arrived,
cuando en pos de un sueño loco,
when in pursuit of a crazy dream,
todo, todo abandoné.
everything, everything I left behind.

Y andando sin destino,
And walking aimlessly,
de pronto reaccioné,
all of a sudden I reacted,
al escuchar de un disco,
as I heard a recording,
el tango aquel.
of that tango.

"Mozo traiga otra copa"
"Waiter bring me another drink"
¡Que lo cantaba Carlos Gardel!
As it was sang by Carlos Gardel!

Y al escucharlo, recordé todo el pasado,
And as I listened, I recalled all the past,
los años mozos tan felices que pasé,
those young years that I spent so happy,
mi viejecita, la barra amiga,
my little old lady, the bunch of friends,
la noviecita que abandoné.
that little girlfriend, that I left behind.

¡Tango que trae recuerdos!
Tango that brings back memories!
¡Mi Buenos Aires, quiero llorar!
My Buenos Aires, I want to cry!

MARIONETA
(PUPPET) Tango 1928

Music: Juan José Guichandut
Lyrics: Armando Tagini

Tenía aquella casa, no sé qué suave encanto,
> That house had, I do not know why, a gentle charm,

en la belleza humilde, del patio colonial,
> in the humble beauty, of a colonial patio,

cubierto en el verano, por el florido manto,
> covered in summer, with a flowery mantle,

que hilaban las glicinas, la parra y el rosal.
> that spun the glycines, the vine and a rosebush.

¡Si me parece verte! La pollerita corta,
> If I seem to see you! That short skirt,

sobre un banco, empinadas las puntas de tus pies,
> on a bench, reaching out the tips of your feet,

los bucles despeinados y contemplando absorta
> the curls uncombed , and you watching engrossed,

los títeres que hablaban, inglés, ruso y francés.
> the puppets who spoke English, Russian and French.

-¡Arriba, doña Rosa!...
> Come on Mrs Rosa! ...

¡Don Pánfilo, ligero!...
> Mr Panfilo, quickly! ...

Y aquel titiritero,
> And that puppeteer,

de voz aguardentosa,
> with its hoarse voice,

nos daba la función.
> used to present the show.

Tus ojos se extasiaban,
Your eyes were entranced,
aquellas marionetas,
those puppets,
saltaban y bailaban,
were jumping and dancing,
prendiendo en tu alma inquieta,
lighting up in your restless soul,
la cálida emoción...
a warm thrill ...

Los años de la infancia risueña ya pasaron
The childhood years are gone smiling,
camino del olvido, los títeres también.
on that road to oblivion, the puppets too.
Piropos y promesas tu oído acariciaron...
Compliments and promises caressed your ears ...
te fuiste de tu casa, no se supo con quién.
you left your house, no one knew who with.

Allá, entre bastidores, ridículo y mezquino,
There, behind the stages, ridicule and petty,
claudica el decorado sencillo de tu hogar.
surrenders the simple decor, of your home.
Y tu, en el proscenio de un frívolo destino,
And you, on that stage of a frivolous destiny,
¡sos frágil marioneta que baila sin cesar!
you are a fragile puppet that keeps dancing on!

PACIENCIA

(PATIENCE) Tango 1937
Music: Juan D'Arienzo
Lyrics: Francisco Gorrindo

Anoche, de nuevo, te vieron mis ojos,
> Last night, again, my eyes saw you,

anoche, de nuevo, te tuve a mi lado.
> last night, again, I had you by my side.

Para qué te habré visto, si después de todo,
> why did I have to meet you, if, after all,

fuimos dos extraños, mirando el pasado.
> we were still two strangers, looking back at the past.

Ni vos sos la misma, ni yo soy el mismo.
> Neither you are the same, nor I am the same.

Los años... La vida... Quién sabe lo qué.
> the years ... the life ... who can tell what.

De una vez por todas, mejor la franqueza,
> once and for all, its better to be honest,

yo y vos, no podemos volver al ayer.
> me and you, we can not return to the past.

Paciencia...La vida es así.
> Patience ... Life is just like that.

Quisimos juntarnos por puro egoísmo,
> We wanted to get closer out of sheer selfishness,

y el mismo egoísmo nos muestra distintos.
> and this very selfishness showed up our differences.

¿Para qué fingir?
> so why pretend?

Paciencia...La vida es así.
Patience ... Life is just like that.
Ninguno es culpable, si es que hay una culpa.
No one is guilty, if there is a reason for blame.
Por eso, la mano, que te di en silencio,
That is why, the hand, which I gave you quietly,
no tembló al partir.
did not shake when we parted.

Haremos de cuenta, que todo fue un sueño,
We shall make believe, that everything was a dream,
que fue una mentira habernos buscado,
that it was a lie having searched for each other,
así, buenamente, nos queda el consuelo,
and so, it is nice that, we have the consolation,
de seguir creyendo que no hemos cambiado.
to continue believing that we have not changed.

Yo tengo un retrato de aquellos veinte años,
I have a picture of those twenty years,
cuando eras, del barrio, el sol familiar.
when you were the sunshine of the neighborhood.
Quiero verte siempre linda como entonces,
I want to see you always as beautiful as then,
lo que pasó anoche fue un sueño no más.
what happened last night was just a dream.

**Juan
D'Arienzo**

PERCAL

(PERCALE) Tango 1943
Music: Domingo Federico
Lyrics: Homero Expósito

Percal...¿Te acuerdas del percal?
Percale... Do you remember the percale?
Tenías quince abriles,
You had fifteen Aprils (years),
anhelos de sufrir y amar,
yearning to suffer and to love,
de ir al centro, triunfar,
to go to the town, to succeed,
y olvidar el percal.
and to forget the percale.

Percal... Camino del percal,
Percale... Path of the percale,
te fuiste de tu casa,
you left your home,
tal vez nos enteramos mal,
perhaps we were informed wrongly,
solo sé, que al final,
I only know, that finally,
te olvidaste el percal.
you forgot about the percale.

La juventud se fué,
The youth is now gone,
tu casa ya no está,
your home is no longer there,
y en el ayer, tirados,
and in that past, abandoned
se han quedado, acobardados,
just remained, intimidated,
tu percal y mi pasado.
your percale and my past.

La juventud se fué,
> The youth is now gone,

yo ya no espero más,
> I am not waiting any longer,

mejor dejar perdidos,
> better just leave forgotten

los anhelos que no han sido,
> the hopes that did not happen,

y el vestido de percal.
> and the percale dress.

Llorar...
> To cry...

¿Por qué vas a llorar?,
> Why would you cry?

¿Acaso no has vivido?
> Have you not lived?

¿Acaso no aprendiste a amar?
> Have you not learned to love?

a sufrir, a esperar,
> to suffer, to wait,

y también a callar.
> and also to to be silent.

Percal... Son cosas del percal,
> Percale... Those are the things of the percale,

saber que estás sufriendo,
> knowing that you are suffering,

saber que sufrirás aún más,
> knowing that you will suffer even more,

y saber que al final,
> and to know that finally,

no olvidaste el percal.
> you did not forget about the percale.

Percal..., Tristezas del percal.
> Percale... Sadness of the percale.

POCAS PALABRAS

(FEW WORDS) Tango 1941
Music: Ricardo Tanturi
Lyrics: Enrique Cadícamo

No pretendo remover,
>I do not pretend to remove,

las cenizas del ayer,
>the ashes of the yesterday,

de ese ayer inolvidable.
>of that unforgettable yesterday

Sólo quiero hacerte ver,
>I just want to make you realise,

que aunque no lo quieras creer,
>that even if you don't want to believe it,

hay amores imborrables.
>there are love affairs that are unforgettable.

Después de tanto vuelvo a hallarte,
>After all this, I return to find you,

y que emoción siento al mirarte.
>and how excited, I feel when I look at you.

Siento un loco palpitar,
>I feel a crazy throbbing,

en mi viejo corazón,
>and it is that at last,

y es que al fin te vuelvo a hallar.
>and it is that at last, I find you again.

Pocas palabras, vieja amiga,
A few words, old friend.
pocas palabras, es mejor,
few words, it is better
ya ves, el mundo sigue igual,
you see, the world remains unchanged.
sin nuestra unión sentimental.
even without our sentimental bond.

Pocas palabras, de lo de antes,
Few words, about the past,
no conversemos más de amor,
no more talking about love,
de aquel amor que ya pasó,
about that love that is now over,
pero que aun no murió.
but which still did not die.

Ricardo Tanturi (on the extreme right) and his orchestra

SUR

(SOUTH) Tango 1948
Music: Anibal Troilo
Lyrics: Homero Manzi

San Juan y Boedo antiguo, y todo el cielo,
San Juan and old Boedo, and all that sky,
Pompeya y más allá la inundación,
Pompeya and a bit further were the floods,
tu melena de novia en el recuerdo,
your hair as a bride is in my memory,
y tu nombre flotando en el adiós.
and your name floating in the farewell.

La esquina del herrero, barro y pampa,
The corner of the blacksmith, mud and "pampas"
tu casa, tu vereda y el zanjón,
your home, your sidewalk and the ditch,
y un perfume de yuyos y de alfalfa,
and a scent of weeds and of alfalfa,
que me llena de nuevo el corazón.
that fills my heart once again.

Sur... paredón y después,
South... the big wall and further then,
Sur... una luz de almacén,
South... the lights of the little shop,
Ya nunca me verás como me vicras,
You will never see me again as you used to see me,
recostado en la vidriera, esperándote.
leaning against the shop window, waiting for you.

Ya nunca alumbraré con las estrellas,
I will never shine again with the stars,
nuestra marcha sin querella,
on our journey without a care,
por las noches de Pompeya.
through the nights of Pompeya.

Las calles y las lunas suburbanas,
The streets and moons over the suburbs,
y mi amor en su ventana,
and my love at her window,
todo ha muerto, ya lo sé.
that has all now died, I know it.

San Juan y Boedo antiguo, cielo perdido,
San Juan and old Boedo, lost heaven,
Pompeya y al llegar al terraplén,
Pompeya and as I reached the embankment,
tus veinte años temblando de cariño,
your were in your twenties and trembling with affection,
bajo el beso que entonces te robé.
under that kiss that I then stole from you.

Nostalgias de los años que han pasado,
Nostalgia for the years that have passed,
arena que la vida se llevó,
the sand that life blew away,
pesadumbre del barrio que ha cambiado,
grief as the neighborhood has changed
la amargura del sueño que murió.
the bitterness of the dream that now has died.

TINTA ROJA

(RED INK) Tango 1941
Music: Sebastián Piana
Lyrics: Cátulo Castillo

Paredón,
> Big wall,

tinta roja en el gris, del ayer...
> like red ink in the gray of yesterday ...

Tu emoción, de ladrillo feliz,
> Your emotion, like a brick of happiness,

sobre mi callejón,
> over my alleyway,

con un borrón, pintó la esquina...
> just with a smudge, painted that corner ...

Y al botón,
> And that button, (cop, policeman)

que en el ancho de la noche,
> that in the width of the night,

puso el filo de la ronda,
> put the edge of his round,

como un broche...
> as a buckle (an ending) ...

Y aquel buzón carmín,
> And that carmine red mailbox,

y aquel fondín,
> and that tavern,

donde lloraba el tano,
> where the italian was crying,

su rubio amor lejano,
> his love for his blonde in the distance,

que mojaba con bon vin.
> whilst washing it away with cheap wine.

¿Dónde estará mi arrabal?
Where is now my arrabal (small suburb)?
¿Quién se robó mi niñez?
Who stole away my childhood?
¿En qué rincón, luna mía,
In which nook, moon of mine,
Volcás, como entonces,
you are splashing out, like you did then,
tu clara alegría?
your clear joy?

Veredas que yo pisé,
Sidewalks that I used to step on,
malevos que ya no son,
"tough guys", that are no longer,
bajo tu cielo de raso,
under your heaven made of satin,
trasnocha, un pedazo, de mi corazón.
remains awake, a chunk, of my heart.

Cátulo Castillo

TODA MI VIDA

(ALL MY LIFE) Tango 1941
Music: Aníbal Troilo
Lyrics: José María Contursi

Hoy, después de tanto tiempo,
Today, after such a long time,
de no verte, de no hablarte,
of not seeing you, of not talking to you,
ya cansado de buscarte,
already tired of looking for you,
siempre, siempre.
always, always.

Siento que me voy muriendo,
I feel that I'm going to die,
por tu olvido, lentamente,
for your oblivion, slowly,
y en el frío de mi frente,
and in the chill of my forehead,
tus besos, no dejarás.
your kisses, you won't be leaving.

Sé que mucho me has querido,
I know, that lots, you had loved me,
tanto, tanto como yo,
so much, as much as I did,
pero, en cambio, yo he sufrido,
but, instead, I suffered,
mucho, mucho más que vos.
more, much more than you.

No sé porque te perdí,

> I do not know why I lost you,

tampoco sé cuándo fué,

> neither I know when it happened

pero a tu lado dejé,

> but next to you, I left aside,

toda mi vida.

> my whole life.

y hoy que estás lejos de mí

> And now that you're away from me,

y has conseguido olvidar,

> and that you have managed to forget,

soy un pasaje de tu vida,

> I am only one moment in your life,

nada más.

> nothing else.

¡Es tan poco lo que falta

> There is so little that is left,

para irme con la muerte!

> to go to my death!

Ya mis ojos no han de verte,

> Now my eyes will not see you,

nunca, nunca.

> never, ever.

Y si un día, por mi culpa,

> And if one day, because of me,

una lágrima vertiste,

> you shed a tear,

porque tanto me quisiste,

> because you loved me so much,

sé que me perdonarás.

> I know that you would forgive me.

VOLVAMOS A EMPEZAR
(LETS START OVER AGAIN) Tango 1953
Music: Daniel Álvarez
Lyrics: Eduardo Maradei

Hoy vuelvo por fin, otra vez a tu lado,
Today I am finally again by your side,
feliz como nunca, con ansias de hogar,
happier than ever, with eagerness to have a home,
los chicos ya saben qué es lo que ha pasado,
the kids already know what has happened,
y ahora hay un padre que pueden mostrar.
and there is now a father, that they can show off with.

Mirá que regalos compré para todos,
Look at what gifts I have bought for everybody,
juguetes y ropas, también un licor,
toys and clothes, also some liquor,
y un velo de novia más lindo que el cielo,
a bridal veil that is prettier than the sky,
pues sé que la nena, ya tiene un amor.
because I know that our little girl has already found a love.

Mirá... nuestros cachorros como ayer,
Look ... our kids (puppies) just as before (yesterday),
mirá... cómo me abrazan otra vez,
look ... how they hug me once again,
quién sabe cuántas veces, precisaron mi calor,
who knows how many times, they were in need of my warmth,
y en esa desnudez, me habrán llamado con su llanto.
and in that nakedness, they might have called me, with their tears.

Hoy... tengo la dicha de mi hogar,
Today ... I have the joy of my home,
y sé... que vos sufriste más que yo,
and I know ... that you suffered more than me,
vení, poné la mesa y escondé ese lagrimón,
come here, set the table and hide that large tear,
no llores, volvamos a empezar.
don't cry, lets start over again.

Dichoso el que puede vivir sin rencores,
Lucky is the one, who can live without resentment,
dichoso el que un día, aprendió a perdonar,
lucky is the one, who one day, learned to forgive,
a mí me perdieron falsos y traidores,
I lost myself trough falseness and traitors,
y sólo hay un dios, que me puede juzgar.
and there is only a god, that could judge me.

Con sombras de cárcel lavé mi pecado,
Within the shadows of the prison, I washed my sin away,
si acaso la cárcel, lo puede lavar,
that is if the jail, can wash it away,
los jueces de mármol, nunca comprendieron,
the judges, made of marble, could never understand,
que a veces la vida, te obliga a matar.
that sometimes one's life, just forces you to kill.

VUELVO AL SUR
(I AM RETURNING TO THE SOUTH)
Tango 1988
Music: Astor Piazzolla
Lyrics: Fernando (Pino) Solanas

Vuelvo al Sur,
> I am going back to the South,

como se vuelve siempre al amor,
> as one always returns to love,

vuelvo a vos,
> once again back to you,

con mi deseo, con mi temor.
> with my desire, with my fear.

Llevo el Sur,
> I carry the South,

como un destino del corazón,
> as a destination of the heart,

soy del Sur,
> I belong to the South,

como los aires del bandoneón.
> like the tunes of the bandoneon.

Sueño el Sur,
> I dream of the South,

inmensa luna, cielo al reves,
> the huge moon, the sky upside down,

busco el Sur,
> I seek the South,

el tiempo abierto, y su después.
> the open time, and the thereafter.

Quiero al Sur,
> I love the South,

su buena gente, su dignidad,
> its good people, their dignity,

siento el Sur,
> I feel the South,

como tu cuerpo en la intimidad,
> as your body in intimacy.

Te quiero Sur,
> I love you South,

Sur, te quiero.
> South, I love you.

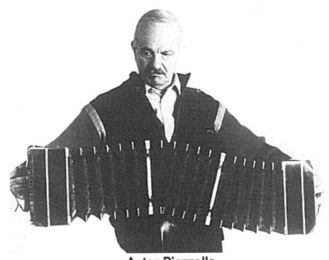

Astor Piazzolla

GLOSSARY
(Words from the lyrics in this book)

abandonado	*abandoned*
abierto	*open*
abismo	*abyss*
abrazan	*embracing*
acariciaron	*stroked, caressed*
acaso	*perhaps*
acentúa	*accentuates*
acera	*sidewalk*
acércate	*come closer to me*
adiós	*goodbye*
agonía	*agony*
ahora	*now*
aires	*air*
alegre	*cheerful*
alegría	*joy*
algún	*some*
allá	*there*
alma	*soul*
almacén	*store*
alumbra	*lights-up*
amar	*to love*
amargura	*bitterness*
amarrado	*tied, docked*
amenaza	*threat*
amigo	*friend*
amistad	*friendship*
amor	*love*
amores	*love affairs*

amparo	*protection*
ancho	*width*
andando	*walking*
andar	*walk, stroll*
anhelos	*longings*
anoche	*last night*
ansias	*anxiousness*
antes	*before*
antiguo	*very old*
apenas	*just*
apoyo	*support*
aprender	*to learn*
aprendiendo	*learning*
aprendió	*he / she learned*
aprisionado	*imprisoned*
aquel	*that (m)*
aquella	*that (f)*
arena	*sand*
arrabal	*poor suburb*
arrastrar	*drag*
arriba	*up*
arrodillado	*kneeling*
así	*so, like that*
aunque	*although*
ausencia	*absence*
ayer	*yesterday*
azar	*random*
azul	*blue*
años	*years*
aún	*still, even*
bailar	*to dance*

bailaban	*were dancing*
baile	*dance*
bajo	*low*
balcón	*balcony*
banco	*bank, bench*
barra	*group of friends*
barrio	*neighborhood*
barro	*mud*
belleza	*beauty*
beso	*kiss*
bien	*well, good*
boca	*mouth*
borrar	*delete, erase*
botón	*button*
buena	*good (fem)*
bueno	*good (m)*
buscar	*search*
buscarte	*fetch you*
busqué	*sought*
buzón	*mailbox*
cabellos	*hair*
callar	*to keep quiet*
callejón	*alley*
calle	*street*
calor	*heat*
cambiado	*changed*
cambio	*change*
caminar	*walk*
camino	*way, path*
canción	*song*
cansado	*tired*

cantando	singing
canto	sing
capaz	able
cargando	loading
cariño	love
cartas	letters
casa	home
casi	almost
celos	jealousy
cenizas	ashes
centro	center
che	hey
chicos	boys
cielo	sky, heaven
cerrar	to close, to shut
ciudad	city
clara	clear
como	as, how, i eat
compases	music bars
comprendieron	they understood
compré	i bought
con	with
confesar	to confess
conseguido	achieved
consuelo	consolation
contemplando	looking, thinking
contenta	happy (f)
contento	happy (m)
conversemos	let's talk, let's chat
copa	wine glass
corazón	heart

corre	run
corta	cut, short
cosa	thing
creer	believe
creyendo	believing
cristal	glass, crystal
crucificado	crucified
cuando	when
cuarto	fourth, room
cubierto	covered, cuttlery
cuenta	account
cuerpo	body
culpa	guilt
culpable	guilty
cuándo	when
cuántos	how many
cálido	warm
cárcel	jail
dar	to give
danza	dance
daré	i will give
de	of, from
decorado	decorated
deja	leave
dejando	leaving
dejar	to leave
dejarás	will let
dejé	i left
demás	others
descanso	rest
desde	from

deseo	desire
desnudez	nudity
despedida	farewell
despeinados	unkempt, uncombed
después	after
destino	destination
destrozado	torn apart
diario	daily
dice	says
dicha	that, happyness
dichoso	happy person
dieron	they gave
dignidad	dignity
dinero	money
dios	god
disco	disk, record
distintos	different
dió	gave
doliente	suffering, painful
dolor	pain
donde	where
dormilón	sleepyhead
duende	elf, spirit
dueña	owner (f)
dulzura	sweetness
día	day
dónde	where
egoísmo	selfishness
ella	she
embrujo	spell
emoción	emotion

empezar	*start, begin*
encanto	*charm*
encendido	*switched on*
encoge	*shrinks*
encontrar	*to find*
enseñaste	*you taught*
entero	*whole*
entonces	*then*
entre	*between*
eras	*you were*
escondé	*hide*
escritas	*written*
escuchar	*to listen*
esperar	*to wait*
espero	*i hope, i wait*
esquina	*street corner*
estar	*to be*
estará	*will be*
estira	*stretch*
estoy	*i am*
estrella	*star*
está	*is*
extraño	*i miss*
extraños	*strange*
falta	*lack of*
faltan	*missing*
faro	*lamp*
felices	*happy (pl)*
feliz	*happy*
filo	*edge*
fin	*end*

final	*final*
fingir	*pretend*
florecer	*flourish*
florido	*flowery*
flotando	*floating*
fortuna	*fortune*
francés	*french*
franqueza	*openness*
frente	*front*
frágil	*fragile*
fría	*cold (f)*
frío	*cold (m)*
fue	*was, gone*
fuego	*fire*
fueron	*were*
fueye	*bellows (bandoneón)*
fui	*i went*
fuiste	*you were, you went*
fué	*was*
ganas	*desires*
garúa	*drizzle*
gente	*people*
gloria	*glory*
gotas	*drops*
gotera	*leak*
gran	*great*
gris	*gray*
gritar	*to scream*
guardan	*keep, hold*
haberlo	*have*
hablaban	*were speaking*

hablame	*talk to me*
hablarte	*talk to you*
hablas	*you talk*
habrán	*they will talk*
habré	*i shall*
había	*had*
hacerte	*make*
hallar	*find*
hallarte	*find you*
han	*have*
haremos	*we*
hasta	*to*
hastío	*weariness*
hay	*there is*
he	*i had*
hecho	*done*
hemos	*we did*
herrero	*blacksmith*
hice	*i did*
hielo	*ice*
hilaban	*spun*
hipocresía	*hypocrisy*
hogar	*home*
hora	*time*
hoy	*today*
humilde	*humble*
hundirse	*sink*
hundió	*sank*
igual	*equal*
ilusión	*delusion*
imborrables	*indelible*

importa	matter
incita	encourages
indiferencia	indifference
infancia	childhood
inmensa	immense
inolvidable	unforgettable
inquieta	restless
intimidad	privacy
inundación	flood
inundan	flood
invito	invite
ir	go
irme	i go, i leave
jueces	judges
juego	game
juez	judge
juguetes	toys
juntarnos	get together
junto	together
juventud	youth
juzgar	to judge
la	the (f)
labios	lips
lado	side
ladrillo	brick
lagrimón	big tear
lamento	lament
las	the (pl)
latente	latent
latir	beat
lavar	wash

lavé	*washed*
lecturas	*readings*
lejano	*far away*
lejos	*far*
lentamente	*slowly*
lento	*slow*
licor	*liqueur, alcohol*
ligero	*light, fast*
limosna	*alms, pity*
lindo	*nice*
llamado	*called*
llaman	*calling*
llanto	*crying*
llegar	*get*
llegué	*i arrived*
llegó	*came*
llena	*full*
llevar	*lead, take*
llevo	*i take*
llevó	*took*
lloraba	*crying*
lloraban	*they were crying*
llorando	*in tears*
llorar	*mourn, cry*
loco	*crazy*
locura	*madness*
logró	*achieved*
luna	*moon*
luz	*light*
lágrima	*tear*
mal	*wrong*

maldad	*evil*
maldecí	*cursed*
maligna	*evil, malignant*
mano	*hand*
manto	*mantle*
mar	*sea*
marcha	*march*
marioneta	*puppet*
mas	*more*
mata	*kills*
matar	*to kill*
mejor	*better*
melena	*mane, long hair*
mentira	*lie*
mentiras	*lies*
mentías	*lied*
merecer	*deserve*
mesa	*table*
mezquino	*mean*
mi	*my*
miedo	*fear*
mientras	*while*
milagrosa	*miraculous*
mirado	*looked*
mirando	*looking*
mirar	*to look*
mirarte	*looking at you*
mirá	*look*
mis	*my*
mismo	*same*
mitad	*half*

mojaba	wet
momento	time
momentos	moments
moral	moral
moribunda	dying
morir	to die
mostrar	show
motivo	reason
mozo	waiter
mozos	boys, yung
mucho	much
mueca	grin
muero	die
muerte	death
muerto	dead
muestra	sample
mundo	world
muriendo	dying
murió	died
muy	very
mármol	marble
más	more
mí	me
mía	mine
mío	mine
música	music
nada	nothing
nadie	nobody
negros	black
nena	baby, girl
ni	or, nor

ninguno	*none*
niñez	*childhood*
noche	*night*
noches	*nights*
nombra	*names*
nombrarla	*naming her*
nombre	*name*
nos	*us, we*
nostalgias	*nostalgia*
nostálgica	*nostalgic*
novia	*bride, girlfriend*
noviecita	*girlfriend*
nuestra	*our*
nuestros	*our*
nuevo	*new*
nunca	*never*
obliga	*forces*
observa	*observed*
odiarla	*hate her*
odiarte	*hate you*
oigo	*i hear*
oirás	*you will hear*
ojos	*eyes*
olas	*surf, waves*
olvidar	*forget*
olvidarla	*forget her*
olvidarte	*forget you*
olvidaste	*forgot*
olvido	*oblivion*
olvidó	*forgot*
oscurecer	*obscure*

otra	*other (f)*
otro	*other (m)*
oye	*listen*
oído	*ear*
oír	*to hear*
paciencia	*patience*
padre	*father*
palabras	*words*
palpitar	*heart-beat,*
pampa	*pampas*
pan	*bread*
para	*to*
parece	*seems*
pareciera	*it would seem*
paredón	*big wall*
parra	*vine*
partir	*from*
pasa	*passes*
pasado	*past*
pasaje	*passage*
pasando	*going, passing by*
pasaron	*passed*
pasión	*passion*
paso	*step, i pass*
pasé	*spent*
pasó	*hapenned*
patio	*patio*
pecado	*sin*
pedazo	*piece*
pedazos	*pieces*
pena	*sorrow, penalty*

penar	*punish*
penetrar	*penetrate*
pensando	*thinking*
pensar	*think*
percal	*percale*
percibo	*perceive*
perdido	*lost*
perdieron	*lost*
perdió	*lost*
perdona	*forgive*
perdonar	*to forgive*
perdonarás	*will forgive*
perdí	*i lost*
perdón	*forgiveness*
perfume	*perfume*
pero	*but*
perverso	*perverse*
pesadumbre	*grief*
pido	*ask*
pie	*foot*
pierde	*looses*
pies	*feet*
pintó	*painted*
piropos	*compliments*
pisé	*stepped*
placer	*pleasure*
pobre	*poor*
pocas	*few*
poco	*little*
podemos	*we can*
pollerita	*short skirt*

pompeya	*pompeii*
porque	*because, why*
pozo	*well*
precisaron	*they needed*
premio	*prize*
prendiendo	*lighting*
pretendo	*pretend, expect*
primera	*first*
promesas	*promises*
promete	*promises*
pronto	*soon*
puede	*can*
pueden	*they can*
puedo	*i can*
puerta	*door*
pues	*since, because*
puesto	*post*
puntas	*tips*
pura	*pure*
purifica	*purified*
puro	*pure*
puso	*put*
púas	*spikes*
queda	*is left*
quedado	*has left*
querella	*complaint*
querer	*want*
querido	*dear*
quiere	*want*
quiero	*i want*
quince	*fifteen*

quisimos	*we wanted*
quisiste	*you wanted*
quién	*who*
qué	*what*
quítame	*take away*
razón	*reason*
reaccioné	*i reacted*
recojo	*i pick up*
recordar	*to remember*
recostado	*recumbent*
recuerdo	*memory*
regalos	*gifts*
reloj	*clock*
remediar	*remedy*
remover	*stir, remove*
rencores	*grudges*
retrato	*portrait*
reves	*backwards*
revivirá	*will revive*
reír	*to laugh*
ridículo	*ridiculous*
rincón	*room corner*
risas	*laughter*
risueña	*smiling*
rito	*rite*
robé	*i stole*
robó	*stole*
rodilla	*knee*
rodillas	*lap*
roja	*red*
rojos	*red (pl)*

rompé	break
ronda	round
ropas	clothes
rosa	pink
rosal	rosebush
rota	broken
rubio	blond
ruina	ruin
rulos	curls
ruso	russian
río	river
sabe	know
saben	they know
saber	to know
sabido	learned
sabía	knew
sacerdote	priest
saltaban	jumped
secreto	secret
seguir	continue
sencillo	simple
sentimental	sentimental
sentir	to feel
sentirme	feel
será	will be
sido	been
siempre	always
sienes	temples
siento	feel
sigue	follow
siguió	followed

silencio	*silence*
sin	*without*
sintiendo	*feeling*
sobre	*on*
sol	*sun*
sola	*single*
soledad	*loneliness*
solo	*single, alone*
sombra	*shadow*
sombras	*shades*
son	*are, it is*
sos	*you are*
soy	*i am*
soñamos	*we dream*
soñar	*to dream*
su	*its*
suave	*soft*
suavemente	*gently*
suburbanas	*suburban*
sucumbe	*succumbs*
sueño	*sleep, dream*
sueños	*dreams*
sufre	*suffers*
sufrido	*suffered*
sufriendo	*suffering*
sufrir	*suffer*
sufrirás	*will suffer*
sufriste	*has suffered*
suplícale	*plead with*
supo	*he/she knew*
sur	*south*

surgirá	*emerge*
sus	*their*
sé	*i know*
sí	*yes*
sólo	*Only, alone*
también	*also*
tampoco	*neither*
tantas	*many*
tanto	*so much*
tarde	*afternoon, late*
temblando	*shaking*
tembló	*trembled*
temor	*fear*
templo	*temple*
tener	*to have*
tengo	*i have*
tenía	*had*
tenías	*you had*
ternuras	*tenderness*
terrible	*terrible*
tesoro	*treasure*
tiempo	*time*
tiene	*you have*
timidez	*shyness*
tinta	*ink*
tirados	*drawn, thrown*
titiritero	*puppeteer*
todos	*all, everybody*
tormenta	*storm*
tormento	*torment*
trae	*brings*

trago	*drink*
traicionar	*betray*
traidores	*traitors*
traiga	*bring*
tranquila	*quiet*
transido	*transfixed*
trasnocha	*stay up late*
tremendas	*tremendous*
tres	*three*
triste	*sad*
tristeza	*sadness*
triunfar	*succeed*
tuve	*i had*
títeres	*puppets*
va	*will, goes*
vago	*lazy*
valor	*value,*
vas	*you go*
veces	*times*
veinte	*twenty*
velo	*veil*
ventana	*window*
vení	*come*
ver	*see*
verano	*summer*
verdad	*truth*
vereda	*sidewalk*
veredas	*sidewalks*
verte	*see you*
verás	*you will see*
ves	*you see*

vestido	dress
vez	time
vida	life
vidriera	shop window
vieja	old lady
viejecita	old lady
viejo	old
viento	wind
vieron	saw
vistieron	dressed
visto	viewed
vive	lives
vivir	to live
viviremos	we will live
volvamos	going back
volver	to return
volveré	will be back
vos	you
voy	i go
voz	voice
vuelva	return
vuelve	becomes, returns
vuelvo	i return back
y	and
ya	already
yo	i
yuyos	weeds
zanjón	ditch

Links to videos and music are available on:

www.tangowords.com

Links to videos and music are available on:

www.tangowords.com

61842323R00042

Made in the USA
Middletown, DE
21 August 2019